후야의 일기 1

글 윤희솔 | 일기글 우야 | 그림 싱현정(아이엔트로잉)

위즈덤하우스

솔샘의 말

일기는 왜 써요?

 **솔샘이 초등학교 다닐 때는 방학 숙제로 일기 쓰기가 있었어요.** 일기 쓰기 숙제 때문에 방학을 싫어할 정도로 일기 쓰기가 싫었어요. 개학 전날 밤늦게 밀린 일기를 쓰느라 힘든데, 거기에 부모님은 일기 밀렸다고 혼내시고……. 어린 솔샘에게 일기 쓰기 숙제는 정말 최악이었어요! 그래서 어린이 여러분에게 일기 쓰기가 얼마나 힘들고 귀찮은 일인지 잘 알아요. **솔직히 어른이 된 지금도 글쓰기는 어렵답니다.** 하지만 솔샘의 아들인 후야와 건이에게도, 우리 반 학생들에게도 1주일에 한두 번은 일기를 꼭 쓰라고 해요. 부모님도 여러분에게 일기를 쓰라고 하실지도 몰라요.

어른들은 왜 어린이들에게 일기를 쓰라고 할까요? 어른은 어린이가 글을 쓰면서 힘들어하는 걸 보고 싶어서 그럴까요? '나 어렸을 때도 힘들었으니 너희도 고생 좀 해 봐라!' 하고요? 절대 아니에요.

일기장은 여러분의 마음을 있는 그대로 받아 주고, 여러분의 마음이 차분해질 때까지 기다려 주는 좋은 친구라는 걸 알려 주고 싶어서 그래요. 부모님이나 친구도 여러분의 마음을 받아 줄 수 있지만, 막상 여러분이 필요할 때 옆에 없을 수도 있고, 부모님이나 친구도 속상하거나 피곤해서 여러분의 마음을 이해하지 못할 수도 있어요. 하지만 **종이와 연필은 언제 어디서나 쉽게 찾을 수 있지요.** 일기장에 '나 오늘 화가 나!' 하고 삐뚤삐뚤 글씨를 썼다고 생각해 봐요. 그때 갑자기 일기장이 벌떡 일어나서 "이 성질 고약한 녀석! 화를 내면 어떻게 하냐? 나도 힘들어." "글씨가 이게 뭐야?" 하고 원망을 하거나 잔소리를 하지 않잖아요. 일기장은 우리의 마음을 그대로 받아 주는 친구가 될 수 있어요.

미국의 저명한 심리학자가 글을 쓰는 사람의 뇌를 스캔해 봤더니 감정을 조절하는 뇌가 활성화 되었대요. 여러분은 가끔 여러분의 마음을 잘 모르겠을 때나 행동을 조절하지 못할 때가 있지요? 이유 없이 막 화가 날 때도 있고, 심술이 나거나 슬프기도 하고, 이상하게 너무 신나서 막 뛰어다니고 소리를 지르고 싶을 때 말이에요. 이렇게 자기의 마음을 잘 다스리지 못하면 위험한 행동을 하게 될 수도 있고, 마음 내키는 대로 행동을 해서 여러분 자신은 물론 다른 사람에게 피해를 줄 수도 있어요. 이럴 때 글쓰기를 해 보세요. 내 마음이 어떤지 차분히 생각하면서 글을 쓰면 자기의 진짜 마음을 알게 돼요. 솔샘은 고민이 있는 친구에게 솔샘이 먼저 해결 방법을 말해 주지 않고, 일기장에 그 고민을 한번 써 보라고 추천해요. 그러면 솔샘도 깜짝 놀랄 만큼 훌륭하고 기발한 해결 방법을 찾아내는 친구를 많이 봤답니다.

행복했던 일, 기뻤던 말, 떠올리면 나에게 힘이 되는 소중한 추억을 일기장에 차곡차곡 쌓아 놓아 보세요. 일기장은 내가 언제든 꺼내 볼 수 있는 추억의 보물 상자가 되어 준답니다. 후야는 심심할 때 자기가 쓴 일기를 꺼내서 읽어 보거든요. 자기가 쓴 내용인데도 어찌나 낄낄 대며 재미있게 읽는지 몰라요. 후야 말로는 자기 일기인데도 읽는 꿀잼이 있대요. 계속 일기를 쓰면 나의 하루하루를 담은, 나만의 역사책이 되기도 한답니다.

이렇게 일기를 쓰다 보면 내 마음뿐 아니라 내 머리에 있는 내용도 잘 정리해서 글로 잘 표현할 수 있게 돼요. 이게 바로 글쓰기 능력이죠.
어떤 기자가 노벨상을 받은 과학자에게 "훌륭한 과학자가 되려면 어떤 능력을 기르는 것이 좋을까요?"하고 물었어요. 그 과학자가 뭐라고 답했을까요? 탐구심? 호기심? 관찰력? 솔샘은 '과학자니까 당연히 과학 지식이 중요하다고 했겠지.' 하고 생각했어요. 그런데 그 과학자는 "과학자는 글쓰기를 잘해야 합니다. 알고 있는 것을 잘 정리하고, 글로 표현해야 하니까요." 하고 대답했대요. 글쓰기와 전혀 관계없을 것 같은 직업에도 글쓰기 능력은 중요하답니다.

여러분도 <후야의 일기>를 보면 '아하! 일기는 이렇게 쓰면 되는구나.' '일기 쓰기가 어렵지 않네!' 하는 생각이 들 거예요. 솔샘은 어린이 여러분이 '나도 일기를 잘 쓸 수 있다'는 자신감을 가질 수 있게 도와주고 싶어요.
여러분도 후야와 함께 일기를 써 볼까요?

등장인물

**호기심 많은
대한민국 초등학생**

후 야

> 난 가족과 이야기하는 시간이 정말 좋아.
> 대화한 내용을 떠올려 글을 쓰면
> 금방 일기 한 편을 쓸 수 있게 되더라구.

* **성격** : 웬만한 일에는 화를 잘 내지 않고, 무덤덤한 편이다. 자기가 좋아하는 일이 아니면 귀 기울여 듣지 않아서 가끔 엄마와 친구들을 화나게 만들기도 한다.
* **취미** : 주위 친구들 관찰하기. 본인은 튀는 걸 싫어하지만, 튀는 친구들을 좋아하는 덕분에 주변에 항상 시끌벅적하고 재미난 일이 많이 벌어진다.
* **좋아하는 것** : 책 읽기와 맛있는 음식 먹기. 학교에 맨날 헐레벌떡 뛰어가면서도 아침마다 책을 읽고, 아침밥도 느긋하게 다 먹는다.
* **행복하게 하는 것** : 아이스 초코, 막창, 낙지탕탕, 구운 감자, 치킨, 따땅 할머니가 엄마 몰래 깨 주시는 커피 맛 사탕.
* **짜증 나게 하는 것** : 까부는 동생, 말을 너무나 잘해서 후야를 꼼짝 못 하게 만드는 여자 아이들, 바둑에서 져 놓고 일부러 봐줬다고 우기는 친구 등.

어디로 튈지 모르는 후야의 남동생
건이

난 후야 형이 세상에서 제일 좋아.
하지만 형이 하는 건 뭐든지 따라 해야
직성이 풀린다구.
그래서 형처럼 꼬박꼬박 열심히
일기를 쓰고 있어.

*성격 : 재미있는 말과 행동을 많이 하며 유쾌하다. 툭 하면 화를
　　　 잘 내기도 해서 언제 어떻게 돌변할지 종잡을 수 없다.
*특기 : 짜증이 나면 미간을 잔뜩 찌푸리고 바닥에 뒹군다.
*행복하게 하는 것 : 후야 형이랑 놀기. 후야 형 놀리기, 스마트폰 게임,
　　　　　　　　　 축구, 감자튀김.
*짜증 나게 하는 것 : 축구에서 질 때. 후야 형이 칭찬 받을 때, 배고플 때,
　　　　　　　　　 후야 형 방구 냄새, 더운 날씨. 학원 숙제,
　　　　　　　　　 아침에 꼭 먹어야 하는 채소 주스 등.

'후야의 일기' 일등 공신,
후야와 건이의
아 빠

아들 둘과 함께 놀 때면
어린시절로 되돌아간 느낌이 들어.
가끔 내가 아빠인지 친구인지
헷갈릴 때가 있거든.

'후야의 일기'
첫 번째 독자,
후야와 건이의
엄마 (솔샘)

후야와 건이와 함께
글쓰기를 할 때
정말 행복하단다.

*취미 : 아들 둘과 재미있게 놀기.
가끔 승부욕에 불타 하는 놀이마다
족족 다 이기고 두 아들을 울려 엄마의
눈총을 받기 일쑤이다.

*잘하는 것 : 퇴근 시간에 맞춰 땡 하고 집으로
달려오는 용감한 사나이지만,
집에서는 한없이 자상한 아빠이자
남편이다.

*성격 : 화를 잘 안 내지만, 한 번 화가 나면 온
집 안이 흔들릴 정도로 포효하고, 마음에
콕콕 박히는 날카로운 말로 공격한다.
원래부터 무서운 성격이 절대 아니었다고
항상 얘기한다.

*열중하는 것 : 건강 비책이 담긴 '밥상 차리기'
라고 쓰고, 가족에게 '채소 먹이기'
라고 읽는다.

*좋아하는 것 : 후야와 건이의 글쓰기 도와주기.

후야의 친구들

후야네 반 부반장 **영이**
마음먹은 일은 꼭 해내고야 마는 똑 부러지는 성격이다. 발표, 그림 그리기, 달리기, 줄넘기 등 못 하는 것이 없는 만능 재주꾼.

말괄량이 **빈이**
종잡을 수 없는 성격 탓에 주변 사람들을 긴장시키는 매력이 있다. 친구의 도움이 필요하면 어디든지 달려가고, 불의를 보면 참지 못한다.

'남자 빈이' **준이**
대한민국에 대한 사랑은 반 친구들이 모두 알 정도로 각별하다. 상상력이 풍부해서 주변 사람을 당황스럽게 만들기도 하지만, 문제를 쉽게 해결하기도 한다.

조용한 수다쟁이 **혁이**
평소에 조용한 성격이지만, 말썽도 조용히 피워서 주위에서 마음을 놓을 수가 없다. 말수가 적지만, 친한 친구들과 함께 있으면 수다쟁이가 된다.

차례

솔샘의 말 일기는 왜 써요?
등장인물

1화 막창은 먹어도 먹어도 맛있어 ------------ 14
후야의 진짜 일기

솔샘의 일기 쓰기 1 글을 잘 쓰는 비결이 있어요! ---------- 26

2화 똑똑이 태어난 날! ------------------- 28
후야의 진짜 일기

솔샘의 일기 쓰기 2 뭘 쓰지? ① 하루를 자세히 살펴보기 ------ 40
🖍 일기 글감 만들기 나의 하루 생활표

3화 환상적인 나의 여섯 골 ----------------- 44
후야의 진짜 일기

솔샘의 일기 쓰기 3 뭘 쓰지? ② 내 마음을 잘 들여다보기 ----- 60

4화 변비똥과 감옥 ------------------- 62
후야의 진짜 일기

솔샘의 일기 쓰기 4 날씨는 어떻게 써요? ------------- 76

5화 엄마는 식물 플랑크톤 ---------------- 78
후야의 진짜 일기

솔샘의 일기 쓰기 5 일기에 가족이 빠질 수 없죠! ---------- 94
🖍 일기 글감 만들기 가족 인터뷰 노트

6화 우리 반 소동 피우기 대장 ---------------- 98
   후야의 진짜 일기
   솔샘의 일기 쓰기 6 친구 이야기를 쓰면 친구가 될 수 있다구요? -- 116
   🖍 일기 글감 만들기 **친구 특징 노트**

7화 건이의 엉덩이는 어디로 갔을까? --------- 120
   후야의 진짜 일기
   솔샘의 일기 쓰기 7 겪은 일을 잘 쓰려면 육하원칙을 기억해! ---- 136
   🖍 일기 글감 만들기 **육하원칙 사진 앨범**

8화 귀가 깨질 뻔한 날 ------------------ 140
   후야의 진짜 일기
   솔샘의 일기 쓰기 8 글쓰기도 어려운데 그림까지 그리라고? ---- 154

9화 김치 대결 ----------------------- 156
   후야의 진짜 일기
   솔샘의 일기 쓰기 9 그래프로 특별한 일기를 써 봐요 ------- 172

10화 신라 사람들은 컸을까? --------------- 174
   후야의 진짜 일기
   솔샘의 일기 쓰기 10 여행의 추억을 일기장에 저장! -------- 190
   🖍 일기 글감 만들기 **여행 노트**

작가의 말

1화 막창은 먹어도 먹어도 맛있어

후야, 그럼 막창 다음으로 좋아하는 음식은 뭐야?

너무 많은데…

음… 낙지탕탕!

낙지탕탕? 낙지 총도 아니고 음식 이름이 뭐 그래?

산낙지를 탕탕! 먹기 좋은 크기로 썰어서 참기름을 차르륵, 깨소금 솔솔, 달걀노른자를 올려 먹는 게 낙지탕탕이야. 하지만 난 달걀 대신 마늘과 고추를 얹어 먹는걸 좋아해!

세상에 그렇게 역동적인 음식은 없을 걸?

윤기 좌르르~~

낙지 힘이 빠지기 전에 얼른 기름장에 살짝 찍어서 꼭꼭 씹어 먹어 줘야 제맛이지!

오늘 저녁 뭐 먹을까?

자기야!

막창이랑 소주 어때?

불 타는 금요일인데,

좋아! 출발!

우리 엄마, 아빠가 가장 좋아하는 건
금요일 저녁!

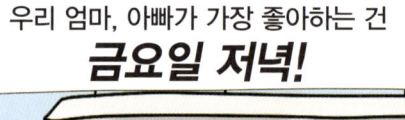

우리 집은 막창집 단골이다.
일주일에 두 번 간 적도 있다.

11월 10일 토요일
날씨: 😈

제목: 막창은 먹어도 먹어도 맛있어

오늘은 오랜만에 막창을 먹으러 갔다. 냄새에 막창 굽는 꼴깍 넘어갔다. 막창이 쓰는 지금도 침일기를 침이 고이고 입에 맛이 난다. 막 막창 냄새도 쫄깃쫄 창은

시는 노릇이 넓어 이쯤 당막
꾸준 적막
막창을 짝짝, 움직
사짝 나바
막창이다.
빠가 내리면 뿌지
겹막을
짝, 이손다.
이소맞든 소
면 입다.
아워주듬 허리
구아
다. 놓을 그로 만고 불
하룻 장에 절
로 만고 불
으게의
깃노에 씀입다. 저게 깃한 창가 나

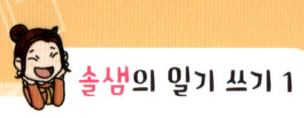 **솔샘**의 일기 쓰기 1

글을 잘 쓰는 비결이 있어요!

글쓰기는 어려워요. 어른에게도 글쓰기는 어려워서 글쓰기 강의를 듣는 사람이 많답니다. 솔샘도 글을 잘 쓰는 방법이 궁금해서 유명한 작가들의 이야기를 들어봤더니 공통점이 있었어요.

{ 유명 작가들의 글쓰기 비법 }

"일단 첫 문장을 쓰세요."
영국 기자 출신 작가 말콤 글래드웰

"좋은 책을 많이, 반복해서 읽으세요. 그리고 계속 쓰세요."
보건복지부 장관을 했던 작가 유시민

음~

일단 첫 문장을…

"마음을 열고 일단 쓰세요!"
수많은 문학상을 수상한 작가 김영하

"마음에 들지 않는 글이라도 날마다 일정량의 글을 쓰세요."
신문사와 출판사에서 일했던 미국인 작가 닐 스트라우스

바로 '독서'와 '글쓰기'입니다. 글을 잘 쓰는 비결은 글을 잘 쓰겠다는 욕심을 버리고 겪은 일이나 말하고 싶은 점을 쓰는 거예요. 일단 쓰는 거죠!

후야는 매일 하루 3줄 글쓰기를 하고, 1주일에 한두 번 부모님과 이야기를 나누면서 일기를 쓰고 있어요. 후야 동생 건이도 얼마 전부터 같이 일기를 쓰기 시작했고요. 솔샘과 후야가 재미있게 웃으면서 일기를 쓰는 모습이 샘이 났는지 건이도 일기를 쓰겠다고 하더라고요.

후야도 처음에는 10칸 공책 한쪽을 쓰는 것도 힘들어했어요. 하지만 자꾸 일기를 쓰다 보니 멋지게, 어렵지 않게 일기를 쓰게 됐답니다.

후야의 이야기를 재미나게 읽고, 일기도 잘 살펴보세요. 맞춤법이 틀린 문장도, 앞뒤가 맞지 않는 문장도 있을 거예요. 그래도 후야는 씩씩하게 일기를 써요. 여러분도 '잘 써야겠다.' 하고 부담을 갖지 말고, 일단 일기의 첫 문장부터 써 볼까요?

일기 쓰기 꿀팁

1. 매일 쓰면 좋겠지만, 그게 어렵다면 일주일에 한두 번이라도 꼭 일기 쓰기를 추천해요.
2. 하루에 3줄 글쓰기를 하고, 부모님과 무엇을 쓸지 이야기를 나눠 보세요.

"책을 많이 읽으세요. 그리고 매일 글을 써요."

일본 유명 작가
무라카미 하루키

"잘 쓰겠다는 욕심을 버리고, 일단 한 문장이라도 써 두세요!"

대통령의 연설문을 쓴
강원국

10월 17일 수요일

날씨: 해가 특별히 밝은 날

제목: 똑똑이 태어난 날!

"▓▓야, 똑똑이가 태어났대!" 이 아기 모이 뱃속에 있는 세상에 나옴이 똑똑이 드디어 아빠는 말기뻐 똑다고 다. 아서 울른 똑이 성종를 만나고 싶었다.
병원으로 빨리 가지
막 똑똑이가 인큐베
이터 안에 있어서
못 만났다. 어서 똑
똑이를 만나고 싶다.

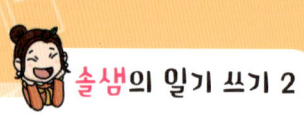 **솔샘**의 일기 쓰기 2

뭘 쓰지? ① 하루를 자세히 살펴보기

'하아, 뭘 쓰지?'
일기 쓸 내용을 고르는 게 제일 어렵죠? 그럴 땐 그날 있었던 일을 떠올려 보면 쓸 이야기가 정말 많아요. 교과서에서는 하루를 크게 '오전, 오후, 저녁'으로 나눠서 생각해 보는데요, 국어 교과서를 보고 글감을 찾으라고 하면 기억이 안 난다며 한숨 쉬고 있는 친구들이 참 많아요.

{ 나의 하루를 돌아보며 일기 글감 찾기 }

- 저녁 식사하고 잠들기 전까지
- 집에 돌아가서 저녁 먹을 때까지
- 하교 후 집에 돌아갈 때까지
- 학교 마칠 때까지
- 점심시간

그럴 때는 시간을 더 쪼개서 생각해 보세요. '오늘 아침에 뭐 먹었어? 학교 오는 길에 누구를 만났어?' 등 시간을 더 짧게 나누어 생각해 보면 금방 '아하!' 하면서 할 말이 많아지고, 일기 주제를 정할 수 있을 거예요.

일기 쓰기 꿀팁

1. 하루에 있었던 일을 아주 자세하게 나누어 보세요.
2. 시간을 쪼개서 생각해 보는 거예요.
3. 컷 만화나 생활 계획표 모양으로 하루에 있었던 일을 그려 보는 것도 좋아요!

일기 글감 만들기

나의 하루 생활표

후야의 하루 생활표를 재미있게 보았나요?
여러분도 후야처럼 하루를 돌아보며
생활표를 만들어 보세요.

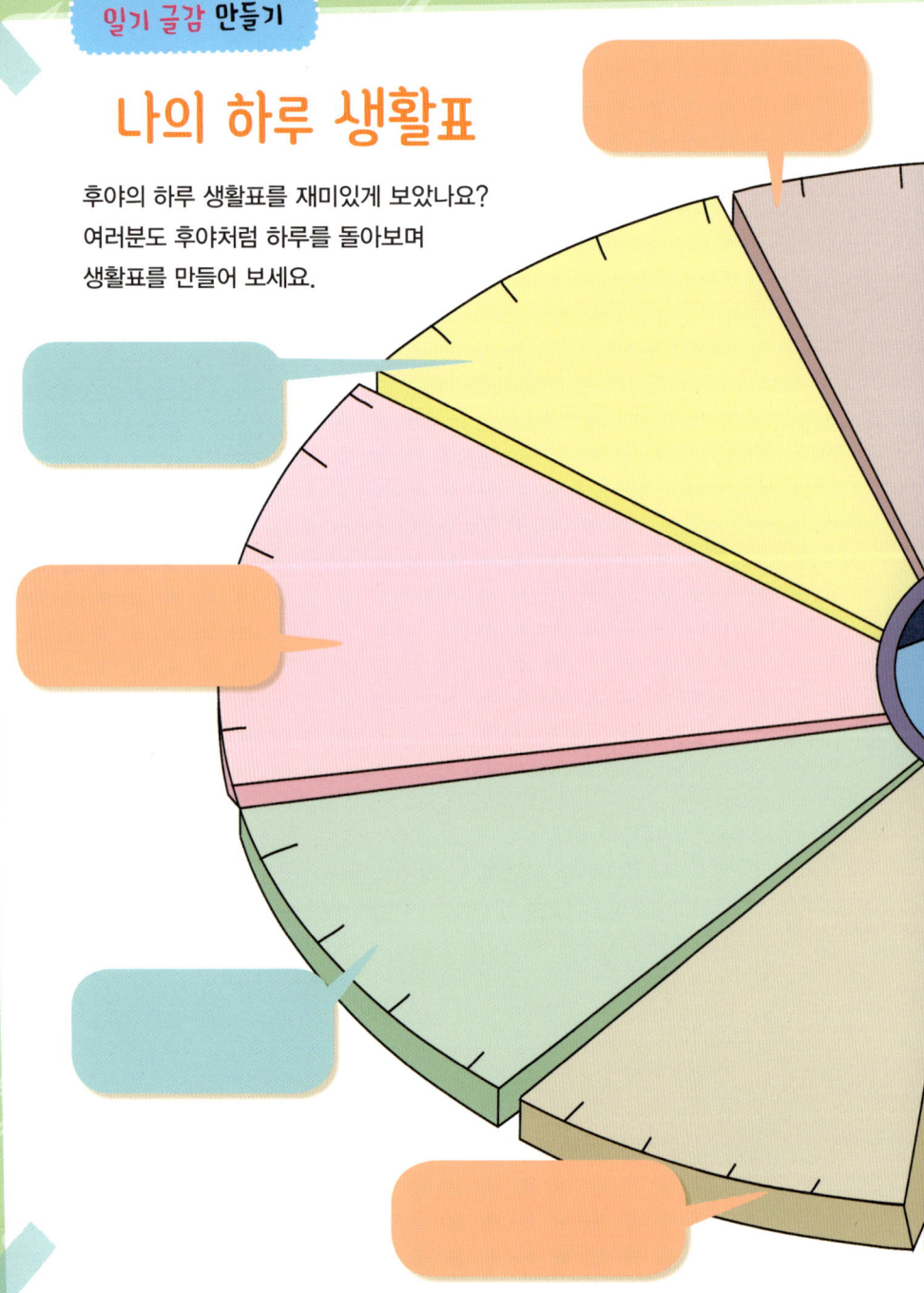

후야의 진짜 일기

10월 24일 수요일
날씨: 내 기분처럼 햇빛 좋음

제목: 환상적인 나의 여섯 골

"3대 1로 버티는 거 실화냐?"
오늘 축구 교실에서 축구 경기를 하는데 세 명의 수를 제치고 골을 넣었다. 친구들이 나

처음 소식이어서 얼른 전해 빨리 맛있

한 다며 돌것은 미친듯이 꿈이 무척 소중해

잘해 모두 넣어서 계 넣어서 것도 이 가족에게 어서 돌

보찬명 골음 기 곰음 푸 떨 앉 을 것 집에

나를 가재가 먹은 이 골적이었은 적이 있었다. 가족이 있었다. 구이 함께 환상적 환상적 지고 은의 배로 갈다리과 밥나 눈기족저고여었다섯

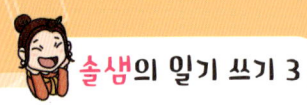

멀 쓰지? ② 내 마음을 잘 들여다보기

내 마음을 잘 들여다보면 일기 쓸 거리를 잘 찾을 수 있어요.
내 마음은 지금 어떤가요? 왜 그런 마음을 갖게 됐나요?
왜 그런 마음이 드는지 생각해 보면 글감이 팍 하고 떠오를 때가 많아요.

{ 오늘 내 마음은 어땠지? }

솔샘은 가족과 함께 서로의 마음을 이야기하는 것을 강력하게 추천해요. '나는 언제 행복할까? 엄마는 언제 화가 나지? 동생은 왜 심술을 부릴까? 아빠가 힘이 불끈 나는 일은?' 등을 서로서로 묻고 답해 보세요. 그러면 내 마음은 물론 가족의 마음도 알게 돼서 가족끼리 더 화목하게 지낼 수 있을 거예요!

일기 쓰기 꿀팁

1. 내가 지금 느끼는 감정을 일기로 써 보세요.
2. 내 마음을 모르겠으면, 감정 어휘가 나오는 책을 살펴보세요. 내 마음을 나타내는 낱말을 찾을 수 있을 거예요.

해결책 2
인공강우

그럼 이건 어때? 우리 학교에 비가 내리게 하는 거야. 사람의 힘으로 비가 내리게 하는 거지.

뚝뚝~!

아, 그거 들어 봤는데…….

인공…, 뭐였어.

선생님! 궁금한 게 있어요!

아, 인공강우?

선생님, 비 씨앗은 뭘로 만들어요?

씨앗을 하늘에 뿌려서 비 내리게 하는 거요.

드라이아이스나 요오드화은을 구름씨로 뿌려서 비 내리게 하는 연구하고 있긴 하지.

와아아아… 신기해!

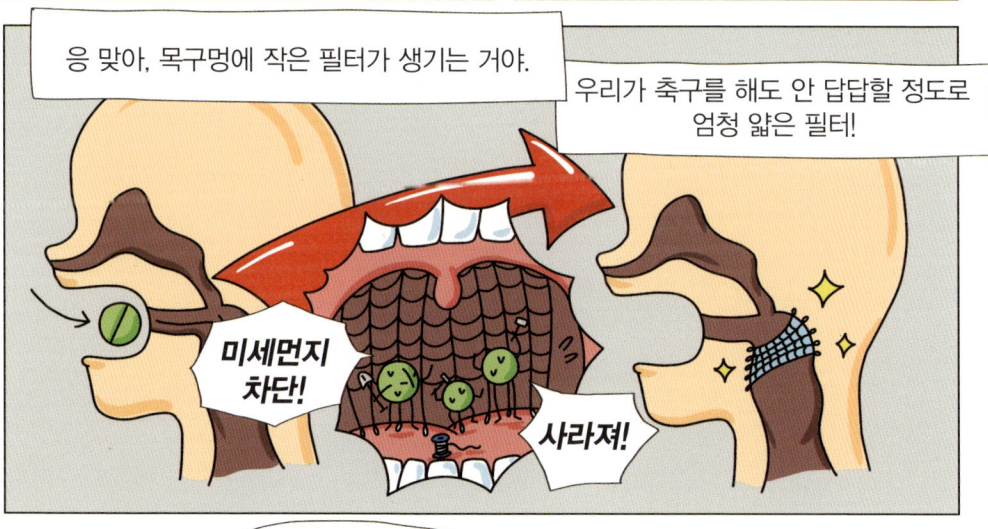

결국 그 날 우리 모둠은 당장 미세먼지를 해결해서 축구를 할 수 있는 방법은 찾지 못 했다.

미세먼지, 저리 가!

- 미세먼지를 극복하는 방법에 대한 토의 -

〈엉뚱 모둠〉
(후, 영, 준, 빈)

1. 걸러걸러 매연 타파!
→ 공장에서 나오는 매연을 바로 새 공기로!!

2. 4월 5일은 식목일!
→ 우리 함께 다 같이 나무를 심어요!

우리 반 친구들은 어른들이 모든 공장과 자동차의 매연을 걸러 내는 장치를 설치하고, 나무를 많이 심어 주면 좋겠다고 결론을 내렸다.

하루 빨리 미세먼지 걱정 없이 놀 수 있는 알약을 만들어 내서 축구를 실컷 하고 싶다!

3. 미세먼지 타파 알약!
→ 먹기만 하면 미세먼지를 막아 줘요!

11월 30일 금요일

날씨: 미세먼지 있은 날도! 나가고 싶어 날

제목: 변비통과 감옥

요분에 새 미세먼지 때가
요분에 중간 놀이 시간에
과 점심 시간에 밖에 다
나가 놀 수가 없
나와 놀친구들 모두
나가고 싶은데 못

다 갈해세이 아심
같에 결미약
똥에 해
비옥 결미약만 뛰약
비감로 다.가 고, 친구
변를처 나이는 먹
지비쳐는 먹
지비약에 좋겠지 고, 누
변약없 지 하 과 누
알 면세 없 나
을 면미 정 있
를 약 서 넘
오 면 알 격수 선생
면 노 수 어 생
노만 들 선
만히 게
히에 다.
에 실
별싶
들
다
눈면지 있 별
가세다. 으면도 들
세다. 는지있으면 도
나머혔주면있니 해 먹 을
머혔주면있니 해 먹 을 특 구
혔주면있니 해도 먹 을 특 구 고

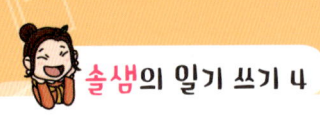

날씨는 어떻게 써요?

여러분의 기분이나 그 날에 있었던 일에 따라 날씨의 느낌은 정말 달라져요. 똑같은 햇님이라도 어느 날은 반갑다가 어느 날은 원망스러워요. 똑같은 비라도 어느 날은 싫어지다가 또 어느 날은 빗소리가 정말 좋아져요. 오늘은 일기 쓸 거리가 없다고요? 오늘의 날씨를 잘 살펴보세요. 그리고 오늘 날씨에 내 기분은 어떤지도요. 훌륭한 일기 글감이 될 거예요.

{ 날씨 쓰기의 예 }

소풍 가기 딱 좋은 날!

하늘이 낮아서 답답했어.

토도독 빗소리가 정겨워.

산불을 번지게 하는 바람아, 멈춰라!

금방 눈이 없어져서 속상해. 다음엔 더 많이 왔으면……

창문이 밤새 흔들렸어. 태풍이 우리나라를 비켜 갔으면 좋겠어.

{ 계절별 날씨 쓰기의 예 }

봄
4월 21일
날카로웠던 바람이 부드러워졌어.

여름
8월 15일
이렇게 더울 수가! 팥빙수 열 그릇 먹고 싶은 날.

가을
9월 30일
하늘에 구름이 하나도 없네.

겨울
1월 21일
귀가 시려서 없어진 느낌이었어.

학교에서 날 찾아 봐!

일기 쓰기 꿀팁

1. 날씨에 관심을 갖고 자세히 관찰해 보세요.
2. 온도계로 기온을 재어 보세요. 아침, 점심, 저녁의 기온 차를 적어 보는 것도 재미있어요.

5화 엄마는 식물 플랑크톤

3월 27일 수요일
날씨 : 살짝 쌀쌀

제목 : 엄마는 식물성 플랑크톤

저녁 때 소고기를 구워 먹었다. 엄마는 고기를 먹을 때 고기의 맛을 풀때기로 파괴해 버린다. 재소를 먹는다는 말은 우리 엄마가 트시는 엄청난 양을 표현하

기가 어려워서 풀때
기를 드신다고 해야
겠다. 고기를 먹고
서 쫄면을 먹을
때도 엄마는 또 풀
때기를 면보다 더
많이 넣으셨다.
"엄마는 꼭 초식
공룡 같아요."
라고 내가 말했더
니 아빠가
"엄마는 초식공룡
수준이 아니라
킹콩 수준이야."

라고 하셨다. 너무 웃겨서 쭐면을 뿜을 뻔 했다. 엄마도 엄청 웃으셨다. 그런데 갑자기 엄마가 핸드폰으로 플랑크톤을 검색하시더니
"엇! 나 정말 플랑크톤처럼 살고 싶어. 햇빛을 받으며 바다 위를 그냥 떠다니며 산 대 엄마는 먹는 것도 살고 싶은 것도 식 물성 플랑크톤이다."

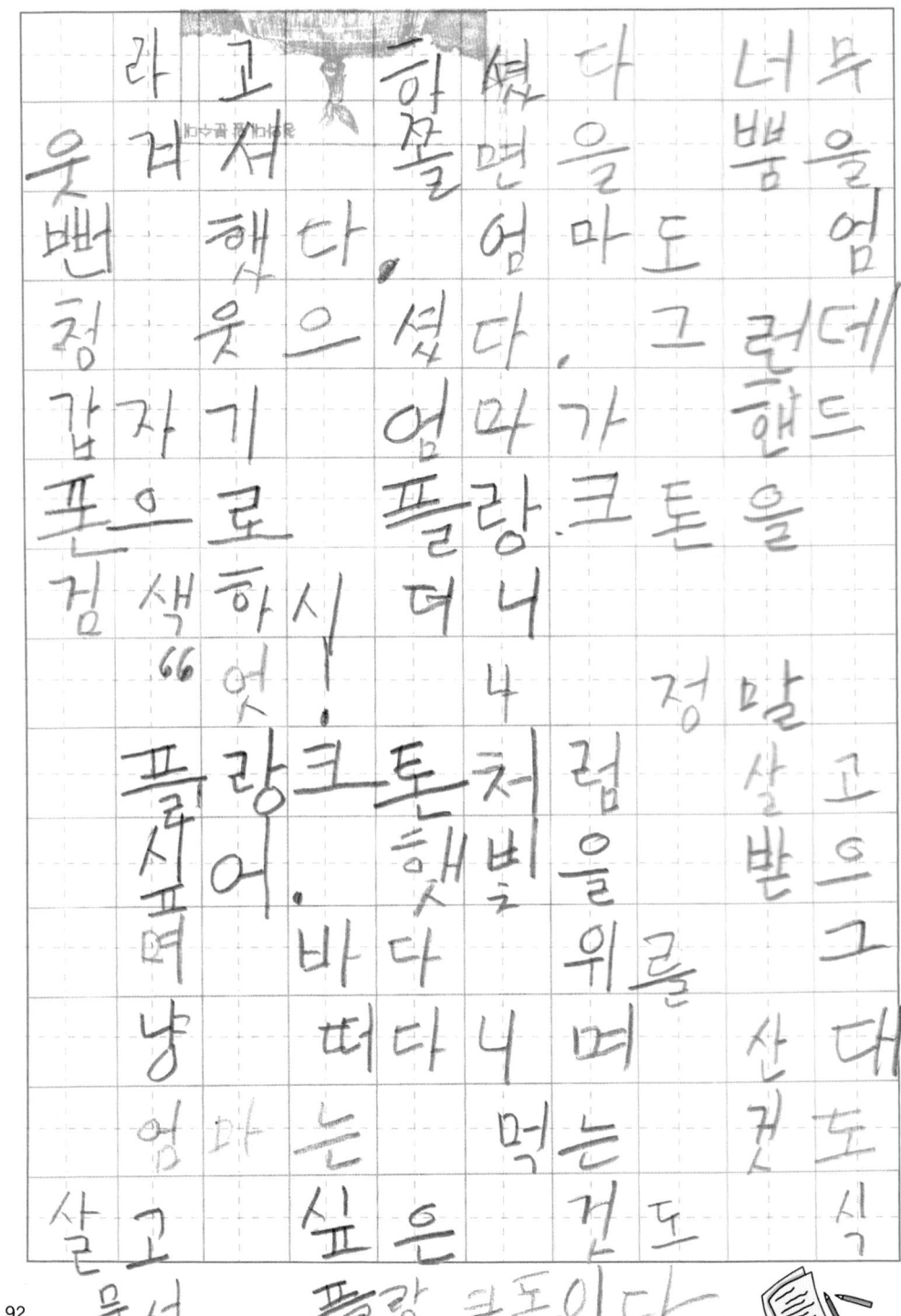

솔샘의 일기 쓰기 5

일기에 가족이 빠질 수 없죠!

여러분에게 가장 소중한 사람은 누구인가요? 여러분을 가장 사랑하는 사람은 누구일까요? 아마 가족일 거예요. 가장 많은 시간을 함께 보내는 가족은 일기에서 빠질 수 없는 훌륭한 글감이지요. 일기에 뭘 쓸지 아무리 고민해도 답이 나오지 않을 땐 우리 가족의 특징을 생각해 보면 재미있는 일기가 나올 수 있답니다.

{ 가족의 특징 쓰기 }

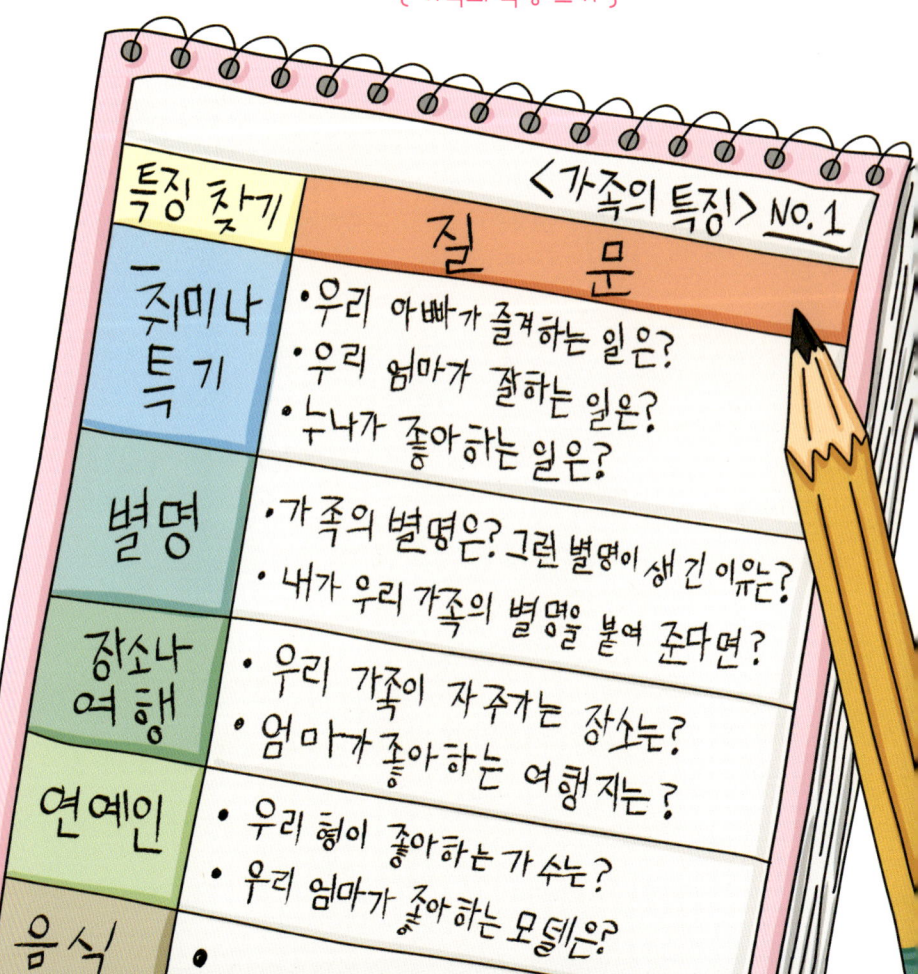

특징 찾기	〈가족의 특징〉 NO. 1 질문
취미나 특기	• 우리 아빠가 즐겨하는 일은? • 우리 엄마가 잘하는 일은? • 누나가 좋아하는 일은?
별명	• 가족의 별명은? 그런 별명이 생긴 이유는? • 내가 우리 가족의 별명을 붙여 준다면?
장소나 여행	• 우리 가족이 자주가는 장소는? • 엄마가 좋아하는 여행지는?
연예인	• 우리 형이 좋아하는 가수는? • 우리 엄마가 좋아하는 모델은?
음식	

일기 쓰기 꿀팁

1. 가족을 인터뷰해 보세요. 인터뷰 일정을 정하고, 물어 보고 싶은 질문도 미리 생각해 써 놓아요.

2. 메모지나 녹음기를 준비해요. 기자 체험도 하고, 일기 글감도 찾을 수 있죠!

일기 글감 만들기

가족 인터뷰 노트

나의 가족을 인터뷰해 봐요. 특징을 찾을 수 있는 질문이 무엇이 있을지 생각해 보고, 가족의 특징을 써 보면서 일기 글감을 찾아 보세요.

특징	질문
취미나 특기	· ·
별명	· ·
장소	· ·
여행지	· ·
연예인	· ·
음식	· ·
TV 프로그램	· ·

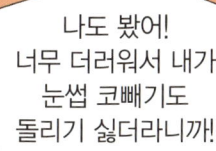

후야의 진짜 일기

5월 28일 화요일
날씨: 소풍가기 딱 좋은 날

제목: 우리반 소듬피우기 대장 TOP 3

우리반은 우긴 친구들이 많다. 선생님의 눈에서 레이저가 나오게 하는 친구들이 있다. 그래서 나는 그 레이저를 피하려고 온갖 애를

쓴다. 제발 우리 반 친구들이 그만 소동을 피우지 않았으면 좋겠다. 그래도 가끔은 재미있는 친구들에 대해서 보고 싶다.

Top 3 ▓▓▓

 선생님이 가지 말라는 곳에 가는 것이 전문이다. 한 번은 울타리를 기어올라 갔다. 선생님께서 왜

울타리에 올라 갔나고 하셨는데 울타리 밖이 궁금하다고 했다. ▓▓이는 울타리 밖에서 사는데

Top 2
  우리 엄마는 ▓▓▓ ▓▓
이름은 모르시는데
'육가락' 이나 '대한
민국' 이라고 하면
금방 아신다. ▓▓는
교실을 휘젓고 다니
면서 육가락으로

"짝짝 짝~ 짝짝
대~한민국"
하고 연주를 한다.
우리 교실을 한 20
바꿔논 듯 같다.
진짜 우리나라를 응
원하려면 그만하는
게 좋겠다.

Top 1 ███ ███ ███
███ ███ ███ 는 교실에서
쫓겨난 적이 있다.
백마디의 말 중에
때와 장소에 맞는

말은 한 두마디 밖에 안될거다. 거기에 ▨▨▨는 ▨▨▨형도 있는데 그 형도 엄마 말을 안 듣고 아빠도 안 듣는다고 말을 자랑스럽게 말했다. 수업시간에 코를 파서 먹는 모습도 봤는데 너무 더러워서 꼭으로 눈썹 ▨▨▨코빼기도 안 돌린다

이 친구들 때문에 선생님은 힘드시겠지만 가끔은 친구들이 코미디 공연을 하거나 기분이다. 공개로 코미디를 보게 해주는 친구들이 재밌다.

솔샘의 일기 쓰기 6

친구 이야기를 쓰면 친구가 될 수 있다구요?

여러분은 가장 친한 친구가 있나요? 싫어하는 친구는요? 같은 반인데 한 번도 이야기를 안 해 본 친구도 있나요?

친구를 만들고 싶다면, 우선 친구들을 잘 관찰해 보세요. 이런저런 친구들을 관찰하다 보면 재미도 있고 친해지고 싶은 친구가 생기기도 하거든요.

{ 친구의 특징을 찾아라 }

여러분은 가족 다음으로 친구와 많은 시간을 보내게 돼요. 학교에서 보내는 시간이 많아지니까 친구와 함께 있는 시간이 점점 더 길어지겠지요. 주위 친구를 관찰한 내용을 일기에 써 보세요. 친구의 말과 행동을 잘 살펴보고 일기에 쓰면, 그 친구의 마음을 잘 알 수 있게 돼요. 친구의 진짜 모습을 알게 될 수 있고요. 그러면 나랑 친하게 지내고 싶어 하는 친구, 여러분의 도움이 필요한 친구, 내가 친해지고 싶은 친구를 찾아낼 수 있을 거예요.

학교 끝나고 곧장 가는 장소는?

좋아할 때 하는 말은?

친구가 제일 좋아하는 놀이는?

이상한 버릇은 없는지…

손톱 깨물기나 코 후비기처럼?

일기 쓰기 꿀팁

1. 친구의 말과 행동을 잘 살펴 보세요. 그리고 일기에 친구를 관찰한 내용을 써 보세요.

일기 글감 만들기

친구 특징 노트

친구의 특징을 찾을 수 있는 질문이 무엇이 있을지 생각해 보고, 친구의 특징을 써 보면서 일기 글감을 찾아 보세요.

특징	질문
취미나 특기	
수업 시간에 하는 행동	
말이나 버릇	
색깔	
음식	
급식 먹을 때	
운동이나 게임	

7화 건이의 엉덩이는 어디로 갔을까?

건이는 내가 하는 건 뭐든 떼를 써서라도 하고야 만다.

내가 여섯 살 때 처음 미술을 배우기 시작했다.

건이는 네 살 때라 연필도 제대로 못 쥘 때였다.

어머님.
아무래도 건이도
수업을 해야
할 듯 해요.
너무 어리지 않을까요.
샘?
…에휴
- 다음 주 -
오늘은
건이 먼저
미술 수업
해 볼까?
안녕~
오오!
건아!
너 너무
잘 그린다!
이건
발바닥이에요.
귀도
그렸어요.
이렇게 건이는 미술 수업을 시작하게 되었다……
어머님!
건이 수업 태도가
너무 좋아요!
아직 네 살이지만
수업 충분히
가능하겠는데요?
어머! 다행이네요!
그럼 건이도
미술 수업 할 게요.

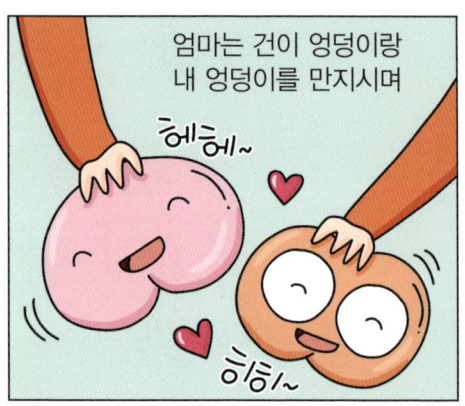

4월 4일 목요일
날씨: 햇빛을 비추지 ✓못한 날 비가 잘

제목: ▨▨이의 엉덩이는 어디로 갔을까?

나와 동생의 엉덩이엔 별명이 있다. 나는 탱탱궁댕이, 동생은 말랑궁댕이다. 엄마는 우리 꿈덩이를 만지시며 가영 엉덩이

"우리 탱탱궁뎅이, 우리 말랑궁뎅이." 하신다. 그런데 ▨이의 말랑궁뎅이가 ▨어졌다며 엄마가 ▨▨이 엉덩이에게 말을 거셨다. 엄마. 나의 사랑 말랑궁뎅이는 어디로 간 거지? ▨▨. 똥꼬가 다 먹었어요. 엄마. 이리 와. 똥꼬와 대화를 해야겠어.

▧▧ : 네, 똥꼬 여기요.
엄마 : 너, 똥꼬! ▧
▧이 말랑궁뎅이 절대로 먹지 마!!
▧ 이 똥꼬 알아 어
다행히 내 탱탱궁
뎅이는 멀쩡하다. ▧
▧이 똥꼬가 엄마한테 혼난게 웃겨서
지금도 손에 힘이
자꾸 빠진다. 내 똥
꼬야 내 탱탱궁뎅이
먹지 마!

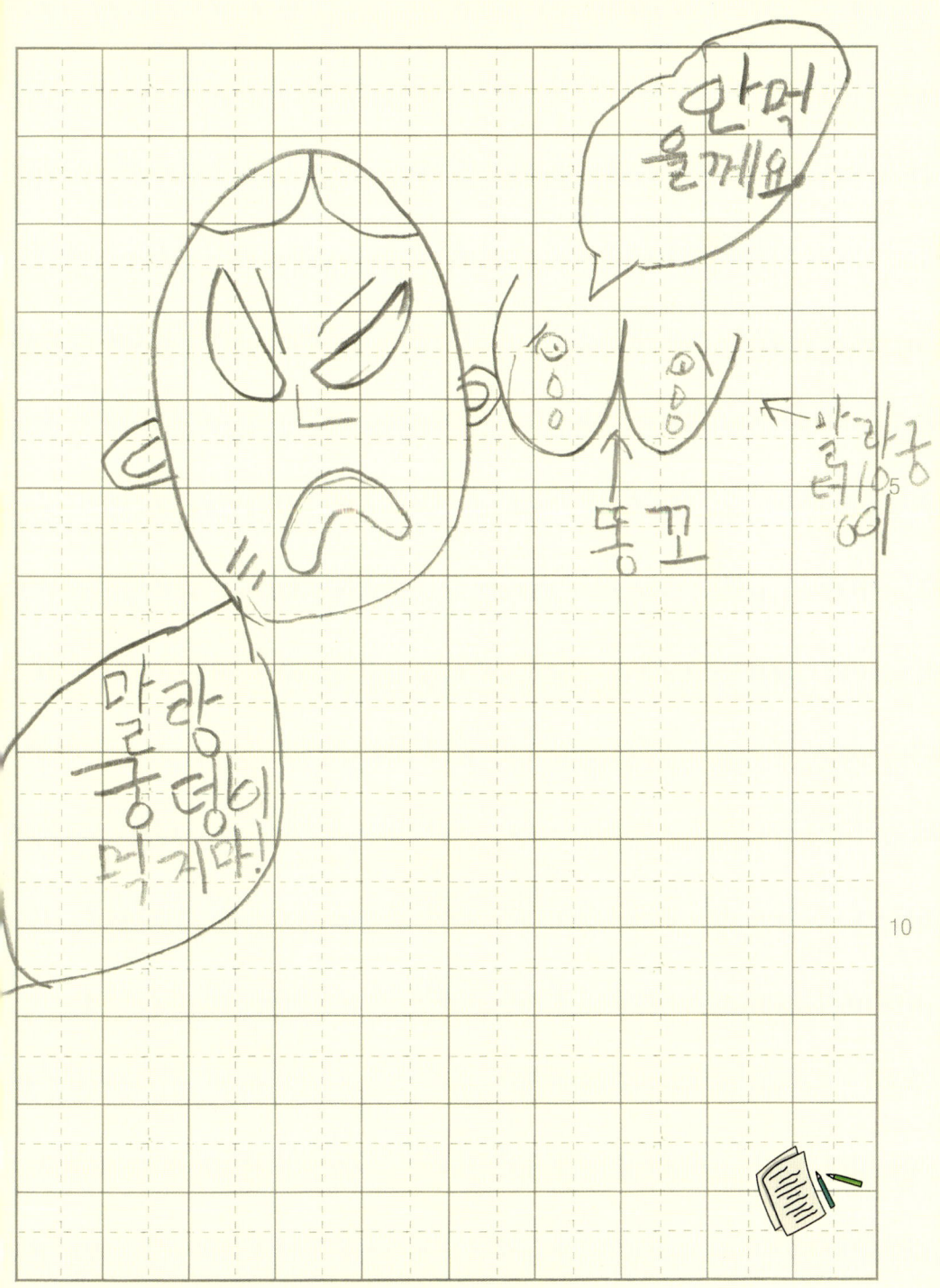

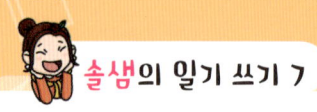
솔샘의 일기 쓰기 7

겪은 일을 잘 쓰려면 육하원칙을 기억해!

'그래서? 뭐 어떻게 됐다는 거야?' '누가 한 일이지?' '왜 그런 일을 한 걸까?' 어떤 글은 읽다 보면 무슨 내용인지 알 수 없어요. 읽는 사람이 '아하, 이래서 그랬구나……' 하고 금방 알 수 있게 쓴 글이 좋은 글이랍니다.

내가 겪은 일을 육하원칙 즉, '누가, 언제, 어디서, 무엇을, 어떻게, 왜'에 따라 쓰면 읽는 사람이 이해하기 쉬운 글을 쓸 수 있어요.

{ 글쓰기의 기본, 육하원칙 }

누가 — 나, 건이, 건이 친구들과

언제 — 비가 많이 내리다가 갠 날

어디서 — 학교 앞 마당, 빗물이 고인 작은 웅덩이에서

무엇을 — 술래잡기와 물놀이를 했다.

육하원칙을 기억하면 무엇을 쓸 지 고민하지 않아도 된답니다. "누가, 언제, 어디서, 무엇을 했는지는 썼으니까 이제 어떻게, 왜 했는지 쓰면 되겠구나." 하고 술술 글을 쓸 수 있어요.

후야가 생각만 해도 우스워서 손에 힘이 빠지는 경험을 일기에 쓴 것처럼 오늘은 여러분이 겪은 재미있는 일을 육하원칙에 따라 써 보면 어떨까요?

어떻게

술래잡기를 하다가 빗물이 가득한 웅덩이에 철퍼덕 넘어졌다. 시원했다. 그래서 벌러덩 누워 버렸다. 더 시원했다. 정말 신났다.

왜

작은 웅덩이에 고인 빗물에 몸을 담그니 시원해서.

일기 쓰기 꿀팁

1. 내가 겪은 일을 '누가, 언제, 어디서, 무엇을, 어떻게, 왜'에 따라 정리해요.
2. 육하원칙을 생각하면서 쓰면 중요한 내용을 빠뜨리지 않을 수 있어요.

일기 글감 만들기

육하원칙 사진 앨범

내가 겪은 일도 좋은 일기 글감이 될 수 있어요. 내가 찍은 사진들을 보면서 경험한 일을 떠올리고, 그 중에 하나를 골라 육하원칙으로 써 보세요.

다 쓴 글을 사진과 비교해 보면서 경험한 일이 잘 표현되었는지 확인해 보세요.

어때!
내 글씨가 더 예쁘지?
아니거든요!
이게 뭐야. 이거 연필 이제 못 쓴다!
꼬랑 꼬랑 꼬랑
아빠 퇴근하자마자 깨끗하게 씻었거든? 향기로워. 자, 맡아 봐.
윽, 고린내!
우웩! 저리 치워요, 아빠!

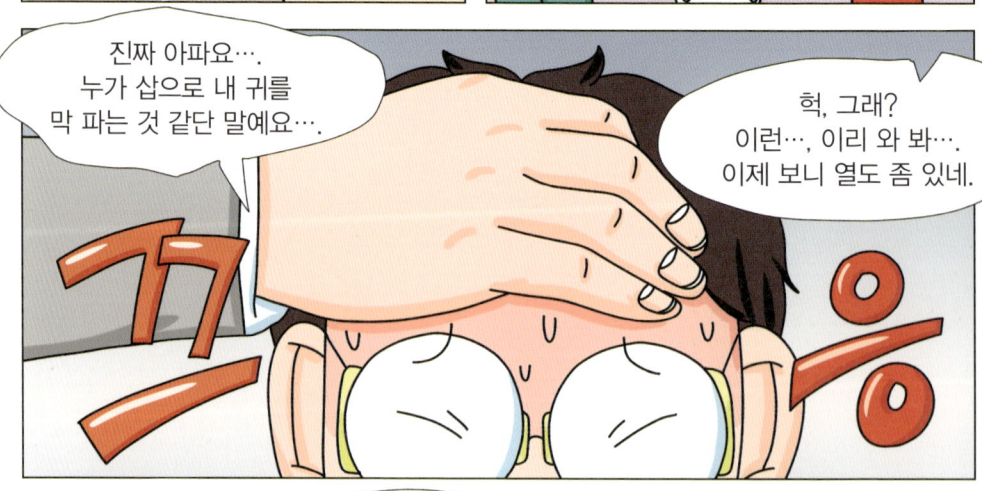

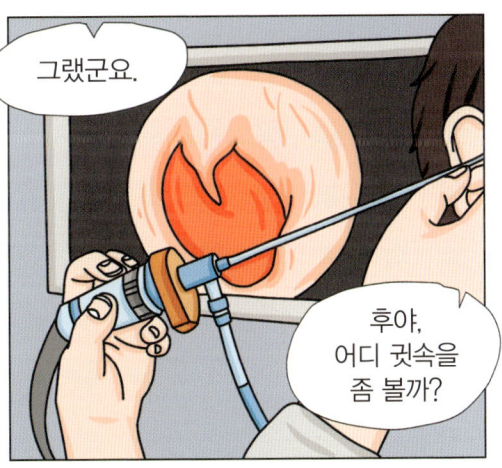
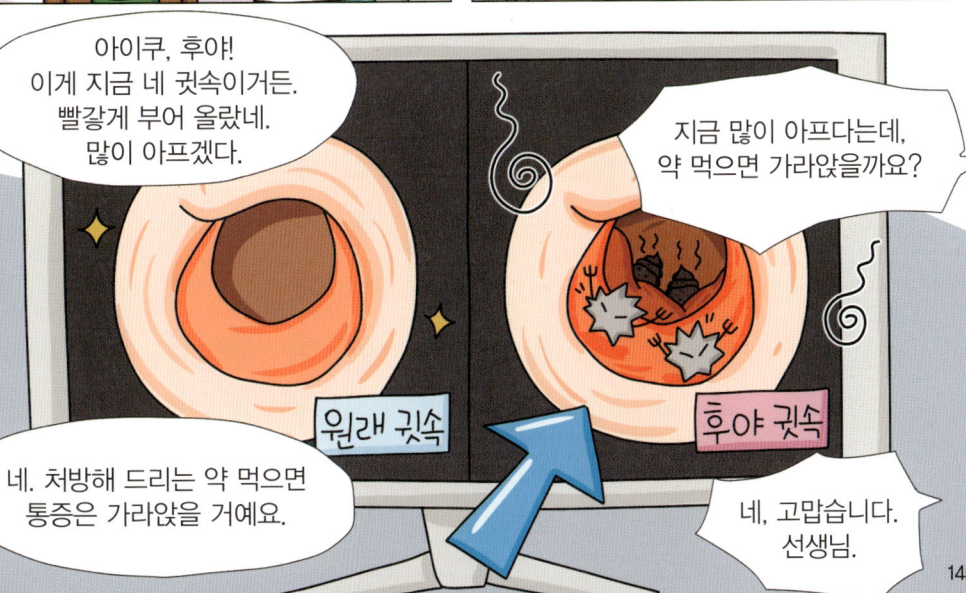

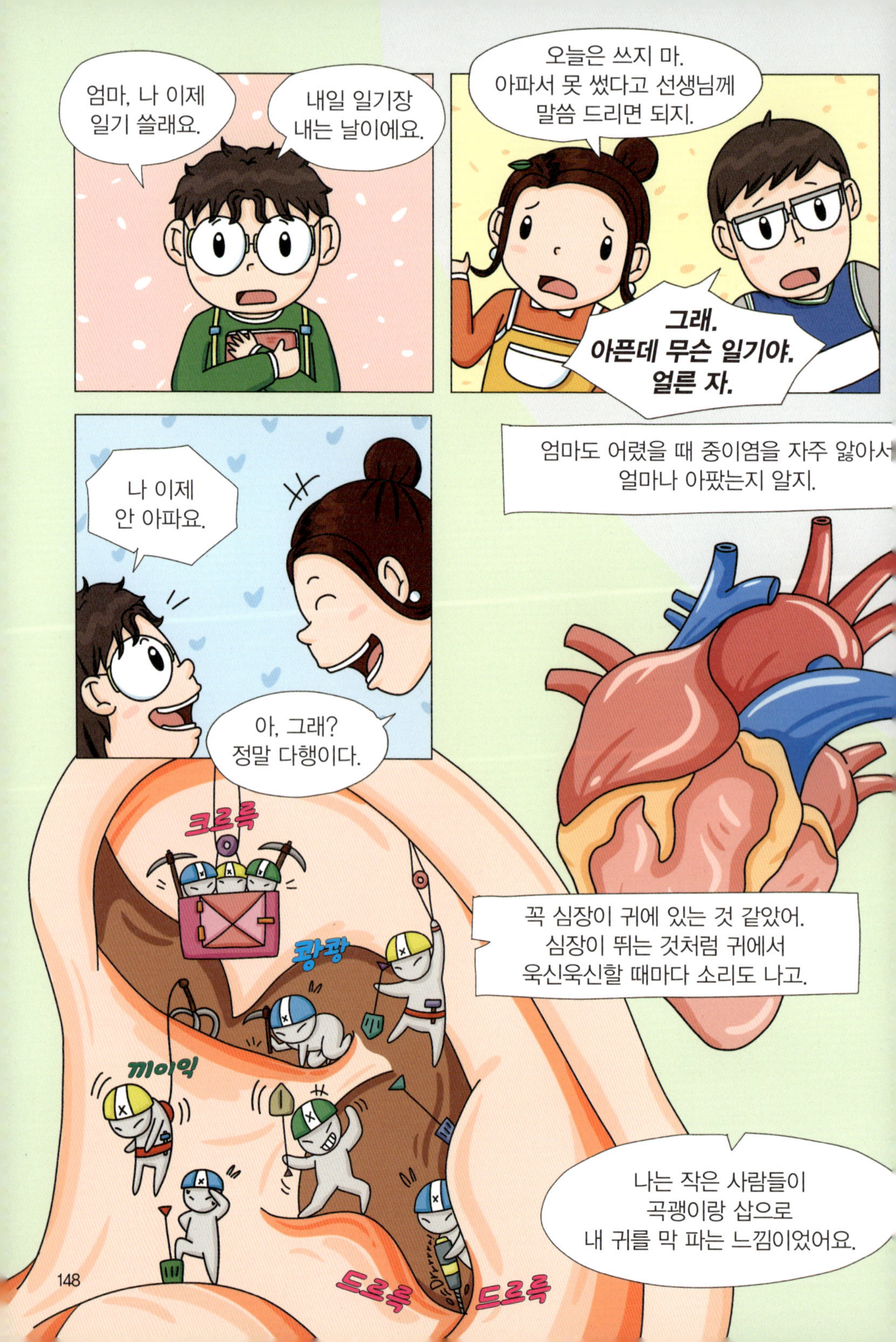

후야의 진짜 일기

12월 23일 일요일
날씨: 이불 저럼 포근한 날

제목: 귀가 깨질 뻔한 날

나는 저녁 때부터 귀가 아프기 시작했다. 작은 사람들이 내 귀 안으로 들어와서 곡괭이와 삽으로 마구 귀를 파는 것 같았다. 열이 나

마.정사*주内다에 올 갔다 바
도 다의 셔안 들 있 긴
울 했소 란을 사람것 있 생을 봐도
방 뻔 ▨ ▨ 갖기 넣귀 사람것있생속
이로 온로만은 주만쳐 림귓가내
굴오랑에 이같으지작쳐가 빠내
열색빠과님 늘속엤
아년생빠 서는리서샀이 뒀다.
서토소선사쉬무 있물아주깃취

눈물이 날 정도로
귀가 아파 보였다.

약을 먹었더니 말
이 좋아졌다. 작은 사
라들이 약을 먹고
이랗지 보다. 일이 나지
맛쳤다!!!! 마!!!!

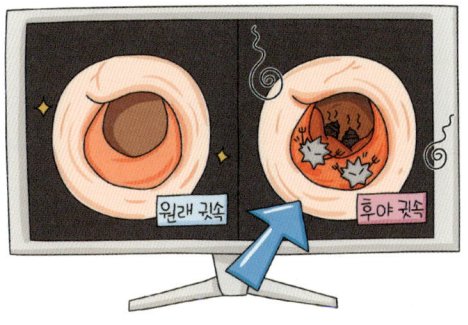

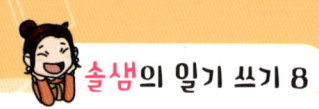

글쓰기도 어려운데 그림까지 그리라고?

여러분은 그림 그리기를 좋아하나요?
솔샘은 어렸을 때 그림을 잘 못 그렸어요. 그래서 그림일기도 싫었지요. 글쓰기도 어려운데 그림까지 그려야 한다니……. 그림일기를 쓰려면 글도 쓰고, 그림도 잘 그리고, 바탕까지 다 색칠해야 하는 줄 알았거든요.
그런데 나중에 알고 보니 그림일기가 그렇게 어려운 게 아니더라고요.
그림을 잘 그리지 않아도 되고, 색칠을 꼼꼼하게 할 필요도 없어요. 후야도, 솔샘 반 학생도 졸라맨을 그릴 때가 많답니다. 글보다 그림으로 그리는 게 더 주제를 잘 나타낼 수 있을 때 '그림일기'를 쓰면 돼요.

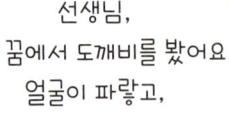

{ 그림일기를 쓰면 좋은 주제 }

그림을 그리다 보면 생각하지 못했던 모습이 떠오르기도 하고, 더 좋은 생각이 나기도 해요. 떠오르는 장면을 그림으로 그리고, 그린 장면에 관한 생각이나 느낌을 짧게 써 보세요. 금방 멋진 그림일기가 완성될 겁니다.

내 방의 모습

20**. *. **. *요일

나는 동생이랑 같이 방을 쓴다. 문을 열면 침대가 보이고, 침대 옆에는 옷장이 있다. 창 쪽에는 장난감 정리함이 있고, 침대 맞은 편에는 피아노가 있다.

내가 탔던 놀이공원 기구 모습

20**. *. **. *요일

내가 탔던 놀이기구는 작은 배처럼 생겼다. 갑자기 배가 하늘에서 슈웅 하고 떨어져서 물로 확 착륙했는데 물이 팍 튀었다.
진짜 재미있었다!
다음에 또 타고 싶다!

일기 쓰기 꿀팁

1. 글로 쓰기 어려운 글감은 그림으로 그려 보아요.

2. 그림일기를 쓸 때는 그림을 먼저 그린 다음, 뭘 그렸는지 간단히 쓰면 그림일기 완성!

9화 김치 대결

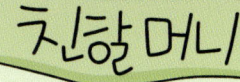

후야의 진짜 일기

날짜: 이월 24일
요일: 토요일
날씨: 비가 오는 날

제목: 김치 대결

어제 ■■■에서 김장을 하러 할머니 집으로 돌아왔을 때 김치김 자고 집은 로 떡을 ■■■ 밥을 할할시 머머 보 키로 와 ■■■ 따 땅 대결 켜 니 룰

했다.
☆ 첫 인상 : 먹음직스
럽다

| 따지 | 산치 |
| 땅할매김치 | ㅇㅇㅇ할머니 김치 |

☆ 식감 : 아삭아삭

| 따치 | 산치 |

☆ 매운 맛

☆ 달콤한 맛

※ 냄새 ; 달콤하고 고소한 냄새

김치는 둘 다 맛
있어서 대결 외 결과
가 오락가락했다 할
머니들! 감사합니다

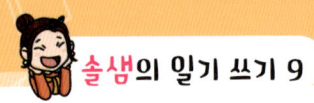 솔샘의 일기 쓰기 9

그래프로 특별한 일기를 써 봐요

글보다 그림으로 그릴 때 더 잘 나타낼 수 있는 주제가 있는 것처럼,
그래프로 나타낼 때 더 좋은 주제도 있어요.
오늘 하루 변덕스러웠던 내 기분을 어떻게 하면 일기에 잘 표현할 수 있을까요?
아래처럼 글로 썼을 때와 그래프로 표현했을 때를 비교해 보세요.
어때요? 그래프로 표현한 게 오락가락했던 내 기분이 훨씬 더 잘 드러나는 게 보이죠?
축구 경기에서 넣은 골 수도 그래프로 정리해서 보니 쉽게 알 수 있어서 좋답니다.

{ 표나 그래프를 그리면 좋은 주제 }

오늘 하루 내 기분을 잘 표현하고 싶을 때

202*년 *월 *일 날씨 흐림

제목: 기분이 오락가락

아침에 이불 속에서 꿈지럭대다가 엄마한테 혼났다. 그러나 학교 가는 길에 유치원 친구를 만나 금방 기분이 좋아졌다. 그런데 곧 기분이 최악이 됐다. 학교에서 친구랑 알까기를 했는데 한 판 도 못 이겨서 속상한 데다 시끄럽다고 선생님께 혼났기 때문이다. 터덜터덜 집으로 돌아갔는데 할머니가 와 계시는 거다! 할머니가 오셔서 외식도 하고, 밤늦게까지 놀아서 정말 행복해졌다.

축구 골을 비교할 때

202*년 *월 *일 날씨 맑음

제목: 우리들의 축구 경기

················

나는 축구 경기에서 3점, 준이는 1점, 영이는 2점, 빈이는 3점을 얻었다. ···············

10화 신라 사람들은 컸을까?

후야의 진짜 일기

8월 8일 토요일

월씨 얼음 땡
날짜 한

제목: 신라 사람들
은 컸을까?

우리는 경주에 갔엄무이
다. 높게 지집것 이
청너 나져 내언덕이 같 담
생긴 로콘리 이 무
라고 했다, 저
나: 아빠, 저 무덤은

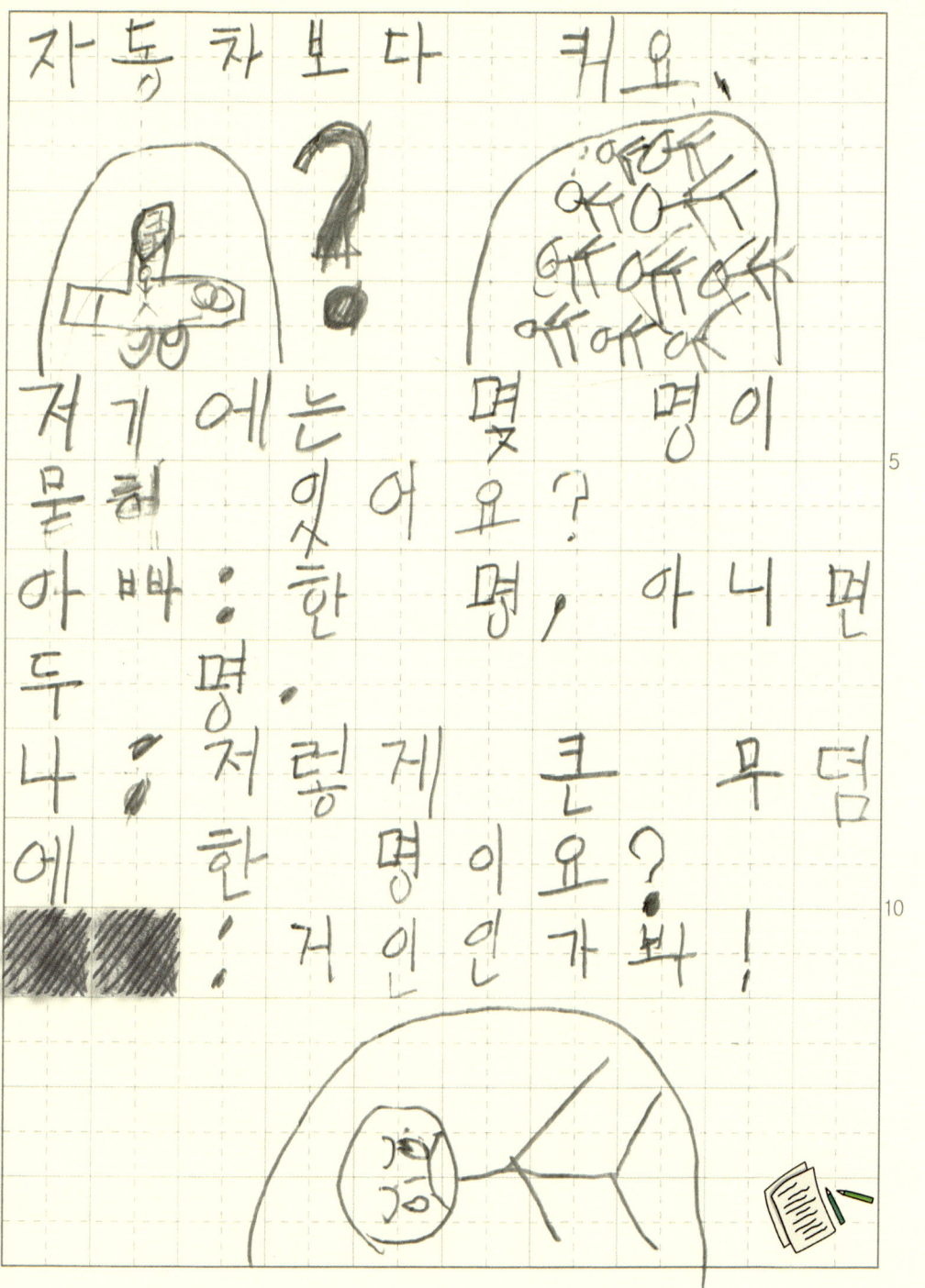

이만큼들은 끝에 모덤서 행곤 무에 여것물에 이 박봄라까 주 울 워왔더 겨욱서다 커 다가 싶다. 번어추녀서 고 이얼 다 가을 보

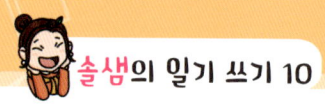

여행의 추억을 일기장에 저장!

여행은 참 즐거워요. 여행을 준비하는 과정부터 설레죠. 기억에 남는 여행을 떠올려 보세요. 여행 이야기를 처음부터 끝까지 다 쓸 필요는 없어요. 여행에서 있었던 일을 전부 쓰려면 밤새 써도 다 못 쓸걸요?

{ 여행 일기를 쓸 때 무엇을 떠올릴까? }

누구랑 갔나요?

어디로 갔나요?

왜 갔어요?

여행에서 맛있는 음식을 먹었나요?

여행지에서 몇 밤을 잤나요?

여행지의 특별한 냄새가 있나요?

인상 깊었던 일 한두 개만 골라서 써도 좋고, 기억하고 싶은 장면을 사진으로 찍었다가 일기장에 붙여도 좋아요.
나중에 여러분이 쓴 여행 일기를 보면 여행할 때로 돌아가는 기분이 들 거예요. 일기장에는 타임머신 기능이 있거든요.
여러분의 여행 이야기, 솔샘에게도 한번 들려 줄래요?

무엇을 봤나요?

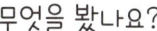

뭘 타고 갔지요?

여행에 점수를 준다면 몇 점인가요?

또 가고 싶나요? 아니면 다시는 안 가고 싶나요? 그 이유는요?

일기 쓰기 꿀팁

1. 입장권이나 영수증을 일기장에 붙이고, 그 장소에서 경험한 일을 써 보세요.
2. 여행 중에 가족과 주고받은 재미있는 대화를 옮겨 쓰는 것도 재미있어요.
3. 다음에 또 가고 싶거나 가고 싶지 않은 이유를 정리해서 쓰면 다음 여행을 계획하는 데에 큰 도움이 되기도 해요.

일기 글감 만들기

여행 노트

다녀 왔던 여행을 떠올려 보고, 여행 일기 글감 떠올릴 수 있는 질문을 생각해 보면서 여행 노트를 만들어 보세요.

- 어디로 갔나요?
- 누구랑 갔나요?
- ?
- 무슨 음식을 먹었나요?
- ?
- ?

작가의 말

20년 차 초등학교 교사이자 후야와 건이의 엄마입니다. 한국교원대학교에서 초등교육과와 영어교육과를 복수 전공하고, 영국 리즈대학교(University of Leeds)에서 교육 공학 석사 학위를 받았습니다. 석사 공부를 하면서 그 어느 때보다 읽기와 쓰기를 많이 했어요. 날마다 책을 읽고, 내 생각을 쓰는 일이 너무나 힘들었지만 '진짜 공부가 이런 거구나. 이렇게 생각과 마음이 자라 날 수 있구나!' 를 깨달았어요.

책 읽기와 글쓰기를 잘 가르치기 위해 연구하고 적용한 경험을 정리해서 『하루 3줄 초등 글쓰기의 기적』(청림Life, 2020)이라는 책으로 펴내기도 했어요. 이번엔 어린이들에게 글쓰기를 재미나게 알려주고 싶어서 글쓰기를 만화로 풀어 봤어요. 여러분이 이 책을 읽고 나서 당장 연필을 들고 '이 정도 글은 나도 쓸 수 있겠는걸?' 하며 마음을 담은 글을 쓰게 되길 소망합니다. 어린이 여러분을 닮은 생생한 글을 마주할 날을 손꼽아 기다려 봅니다.

작가 윤희솔

"으악~늦겠다!"를 외치며 책가방을 메고 학교로 뛰어가는 초등학생을 본 적 있나요? 그럼 저를 만난 적이 있을지도 몰라요. 제 동생 건이와 왁자지껄 놀기도, 우당탕 싸우기도 하며 아빠, 엄마 이렇게 네 명이 오손도손 살고 있어요.
처음엔 저도 글쓰기가 힘들었어요. 하지만 매일 엄마와 함께 대화하며 글을 쓰면서 조금씩 글쓰기 실력이 늘었어요. 지금도 엄마랑 날마다 같이 책을 읽고, 글쓰기를 하고 있답니다.
글쓰기가 어려운 친구에게 우리엄마를 빌려주고 싶은데, 그럴수는 없으니 안타까웠거든요. 이젠 우리 가족의 이야기와 저의 일기, 그리고 엄마의 글쓰기 수업을 한번에 볼 수 있는 책이 나와서 다른 친구들도 글쓰기를 배울 수 있게 되어 기뻐요.
이 책을 읽은 친구들이 쓴 멋진 글을 읽을 날을 기다릴게요. 우리 같이 힘내요. 대한민국 초등학생 아자 아자!
P.S. 건이도 같이 열심히 쓰고 있어요!

일기쟁이 후야

내가 직접 쓴 글씨라구!

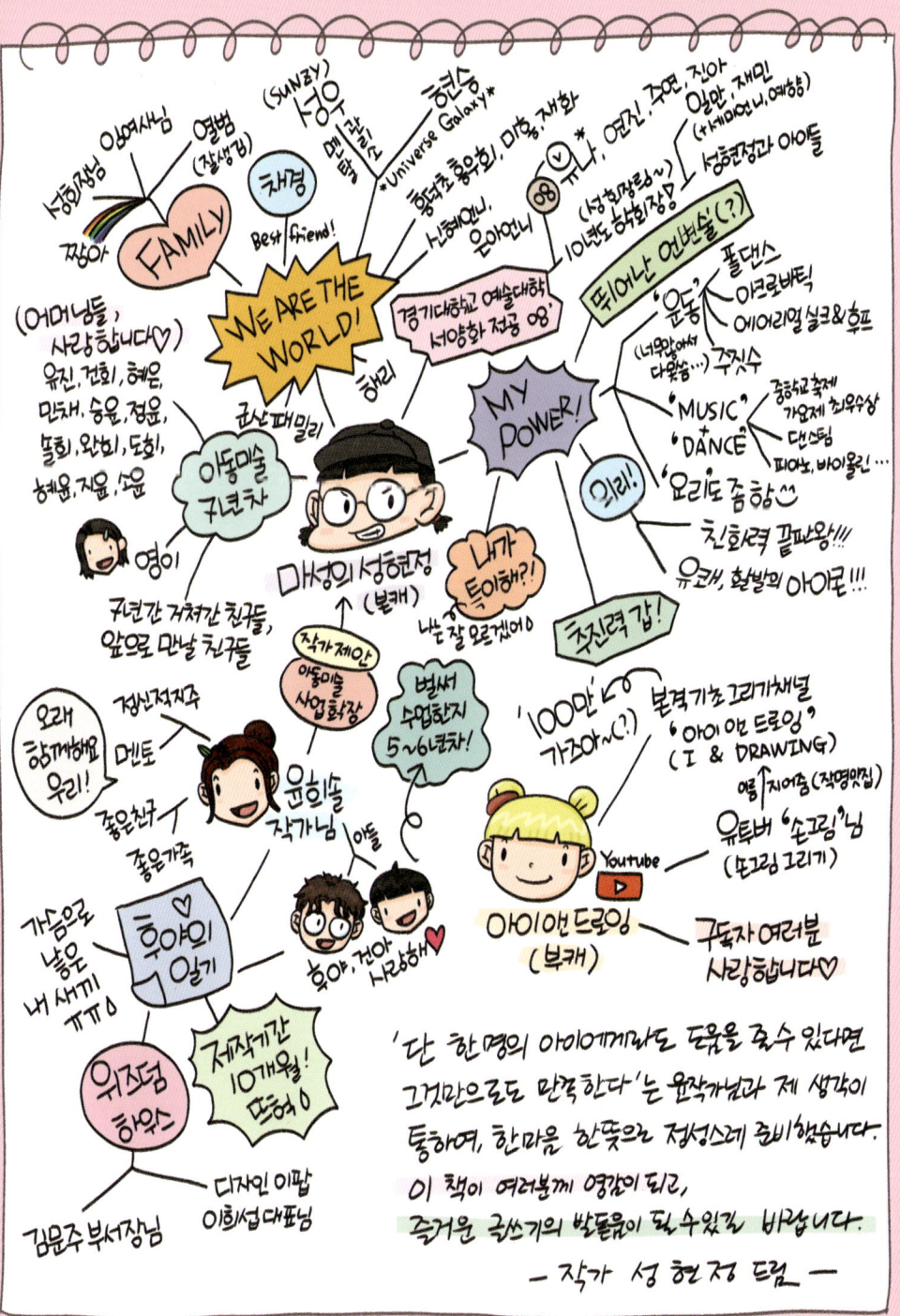

초판 1쇄 인쇄 2021년 1월 20일 **초판 1쇄 발행** 2021년 2월 1일

글 윤희솔
일기글 후야
그림 성현정(아이앤드로잉)
펴낸이 연준혁

출판부문장 이승현
편집3본부 본부장 최순영
편집5부서 부서장 김문주
디자인 디자인이팝

펴낸곳 ㈜위즈덤하우스 **출판등록** 2000년 5월 23일 제13-1071호
주소 경기도 고양시 일산동구 정발산로 43-20 센트럴프라자 6층
전화 031)936-4000 **팩스** 031)903-3893 **홈페이지** www.wisdomhouse.co.kr

ⓒ 윤희솔·성현정, 2021

ISBN 979-11-91308-18-1 77800
　　　979-11-91308-17-4 77800 (세트)

* 이 책의 전부 또는 일부 내용을 재사용하려면 반드시 사전에 저작권자와
　㈜위즈덤하우스의 동의를 받아야 합니다.
* 인쇄·제작 및 유통상의 파본 도서는 구입하신 서점에서 바꿔드립니다.
* 책값은 뒤표지에 있습니다.
* 이 책의 사용 연령은 6~13세입니다.